図

府県名（都道府県庁所在地名）

地方

新潟（新潟）
富山（富山）
石川（金沢）
福井（福井）
山梨（甲府）
長野（長野）
岐阜（岐阜）
静岡（静岡）
愛知（名古屋）

1　北海道（札幌）

東北地方

2　青森（青森）
3　岩手（盛岡）
4　宮城（仙台）
5　秋田（秋田）
6　山形（山形）
7　福島（福島）

関東地方

8　茨城（水戸）
9　栃木（宇都宮）
10　群馬（前橋）
11　埼玉（さいたま）
12　千葉（千葉）
13　東京（東京）
14　神奈川（横浜）

四訂版

話そう 考えよう

初級 日本事情

「日本事情」プロジェクト 著

スリーエーネットワーク

Published by 3A Corporation.
Trusty Kojimachi Bldg., 2F, 4, Kojimachi 3-Chome, Chiyoda-ku, Tokyo 102-0083, Japan

ISBN978-4-88319-936-5 C0081

First published 1997
Revised Edition 2000
New Edition 2009
Fourth Edition 2023
Printed in Japan

この本を使うみなさんへ

　みなさんが先生と勉強するときは、先生と話し合って勉強してください。

　ひとりで勉強するときは、日本人の友だちを作ってください。

　この本は覚えるための本ではありません。話し合って勉強するための本です。

　教室の友だちと日本のことをたくさん話してみてください。

　この本がみなさんのよい友だちになるよう、願っています。

2023年11月
「日本事情」プロジェクト

目次

第三部　社　会

第一部 だいいちぶ

第一部

生 せい

活 かつ

1 住所を覚える

住所

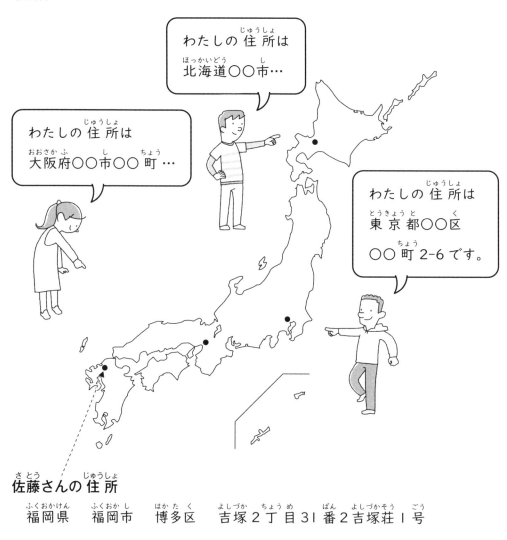

佐藤さんの 住所

福岡県　福岡市　博多区　吉塚 2 丁目 31 番 2 吉塚荘 1 号

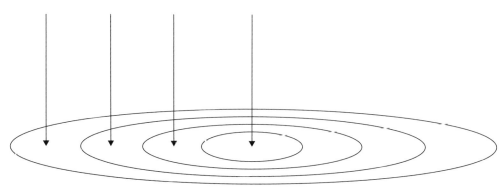

都道府県	市／郡／区　町村		番地	たてもの	
東京都	○○区	○○町	1-2-3	○○マンション	A-2
北海道	○○市	○○町	1の2の3	○○アパート	302
京都府	○○市	○○町	1ノ2ノ3	○○荘	2号室
長野県	○○郡	○○村	1丁目2番地3号		

一都一道二府四十三県。全部で47あります。

✏ 書きましょう

住所を覚えましたか。

うち	
学校	

3

2 電話をかける

1. 電話

同じ市内にかけます。市外局番はいりません。

092-123-4567

福岡

テレホンカード

お金

市外にかけます。市外局番がいります。

福岡　　　東京

03-○○○○-○○○○

警察署	110
消防署	119
番号案内	104 （有料）

[市外局番]

名古屋‥052

大阪‥06

京都‥075

神戸‥078

広島‥082

福岡‥092

熊本‥096

札幌‥011

仙台‥022

さいたま‥048

東京‥03

横浜‥045

徳島‥088　　那覇‥098

✏️ **書きましょう**

電話番号を覚えましたか。

例	ゼロ きゅう に の いち に さん の よん ご ろく なな 0 9 2 − 1 2 3 − 4 5 6 7
う ち	
学 校	

[電話番号の数字]

ゼロ	いち	に	さん	よん	ご	ろく	なな	はち	きゅう
0	1	2	3	4	5	6	7	8	9

2. 国際電話

001 0033 0061	−010−	国の番号	−	地域の番号	−	相手の番号

✏️ **書きましょう**

あなたの家族の電話番号を書きましょう。

国の番号　　　地域の番号

☐ −010− ☐ − ☐ − ☐

3. 携帯電話・スマートフォン（スマホ）

携帯電話やスマートフォンから、個人の家、会社、学校

などに電話をかけるときは、いつも市外局番がいります。

[携帯電話・スマートフォンの契約]

契約するためには、身分証明が必要です。ほかに銀行の印鑑や通帳なども

必要になります。また、携帯電話・スマートフォンにはいろいろなサービス

がありますが、料金がかかるものもあります。注意しましょう。

[携帯電話・スマートフォンのマナー]

・電車やバスの中では、マナーモードにして、通話はやめましょう。

・自動車の運転中、自転車の走行中、歩きながらの使用はやめましょう。

・映画館や美術館、病院内などでの使用は、その施設の注意に従って使

　用しましょう。

・レストランやホテルのロビーなどの静かな場所では、大きな声で話さない

　ようにしましょう。

3　手紙を出す

郵便局へ行く

○○までいくらですか。

○○円切手を○○枚ください。

郵便ポスト

重さに注意しましょう。

1）郵便料金（切手）

・はがき……＿＿＿円

・手紙　……＿＿＿円

2）郵便番号　〒

学校　　　　　□□□-□□□□

あなたのうち　□□□-□□□□

郵便はがき

１０２-００８３

東京都千代田区麹町3-4

トラスティ麹町ビル2F

山田太郎　様

あなたの住所
名前

あなたの郵便番号

↓

□□□-□□□□

～様（～さま）	小包（こづつみ）	航空便（こうくうびん）
手紙（てがみ）	荷物（にもつ）	エアメール
葉書（はがき）	郵便局（ゆうびんきょく）	船便（ふなびん）
封筒（ふうとう）	ポスト	
切手（きって）		

4 日本の家に住む

家（いえ）	台所（だいどころ）	家賃（やちん）
うち	（お）ふろ	大家さん（おおやさん）
玄関（げんかん）	トイレ	
部屋（へや）	お手洗い（おてあらい）	
窓（まど）	便所（べんじょ）	
	洗面所（せんめんじょ）	

1. 間取り

これは佐藤さんの部屋です。１ＤＫで、部屋は六畳です。
台所とふろ、トイレがあります。家賃は１か月 40,000 円です。

✏️ 書きましょう

わたしのうちは＿＿＿＿＿＿で、部屋は＿＿＿＿＿＿畳です。

＿＿＿＿＿＿と＿＿＿＿＿＿と＿＿＿＿＿＿があります。

家賃は１か月＿＿＿＿＿＿円です。

畳（たたみ）
〜畳（〜じょう）
四畳半（よじょうはん）
六畳（ろくじょう）

３ＬＤＫ
3　部屋が３つある
Ｌ　リビング
　　居間（いま）
Ｄ　ダイニング
　　食堂（しょくどう）
Ｋ　キッチン
　　台所（だいどころ）

玄関でくつをぬぎます。

押し入れ　　ふとん

たたみ

天気のいい日はふとんを干しましょう。

畳（たたみ）　　　　掃除機（そうじき）　　　ほうき
押し入れ（おしいれ）　　　　　　　　　　　　バケツ
ふとん　　　　　　　　　　　　　　　　　　　ぞうきん

2. おふろ

？知っていますか

日本人の家でおふろに入るとき、してはいけないことはどれでしょう。

栓を抜きます。

タオル	服（ふく）	栓（せん）
せっけん	シャワー	
シャンプー	からだ	

3. トイレ

和式（わしき）　　　　　洋式（ようしき）

❓知（し）っていますか

日本のトイレ（和式）の使（つか）い方（かた）を知（し）っていますか。

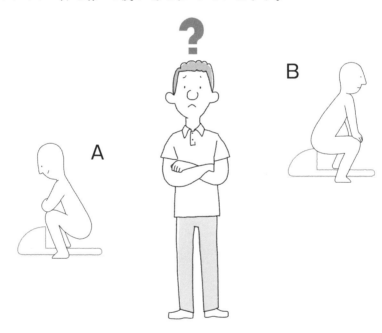

A

B

トイレ	洗面所（せんめんじょ）	和式（わしき）
お手洗い（おてあらい）	トイレットペーパー	洋式（ようしき）
便所（べんじょ）		

4. ごみ

ごみは分別して、決まった日に出します。

考えましょう

1) ごみを燃えるごみ、燃えないごみ、資源ごみ、粗大ごみに分けましょう。

資源ごみはリサイクルします。

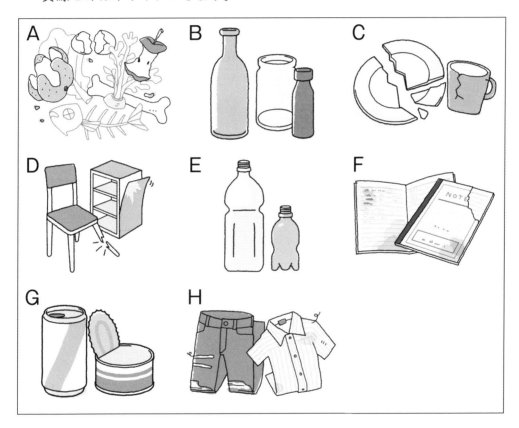

2) あなたの町のごみの出し方はどうなっていますか。

分別？　　　　　　　　　　いつ？　　　　　　　　　　どこに？

ごみはどんな袋に入れて出しますか。

リサイクル 　有料（ゆうりょう） 　分別（ぶんべつ）	ごみ 　燃えるごみ（もえるごみ） 　燃えないごみ 　　（もえないごみ）	粗大ごみ（そだいごみ） 資源ごみ（しげんごみ）

5 あなたのまわり

1. うちの近く

リーさんのうちの近くには、スーパーや肉屋や八百屋があります。

✏️ 書きましょう

あなたのうちの近くには、何がありますか。

> わたしのうちの近くには、
>
>
> _____があります。

スーパー　　　　　　　　　　　～屋（～や）　　　　　　喫茶店（きっさてん）
　スーパーマーケット　　　　　八百屋（やおや）　　　　レストラン
デパート　　　　　　　　　　　本屋（ほんや）　　　　　食堂（しょくどう）
コンビニ　　　　　　　　　　　花屋（はなや）　　　　　クリーニング屋
　コンビニエンス・ストア　　　肉屋（にくや）　　　　　　（クリーニングや）
　　　　　　　　　　　　　　　魚屋（さかなや）
　　　　　　　　　　　　　　　薬屋（くすりや）

　　　　　　　　　　　　　　　美容院（びよういん）
　　　　　　　　　　　　　　　床屋（とこや）

14

2. 学校の近く

リーさんの学校は、駅の近くにあります。駅から歩いて 10 分ぐらいです。

学校の近くには、小学校やコンビニがあります。

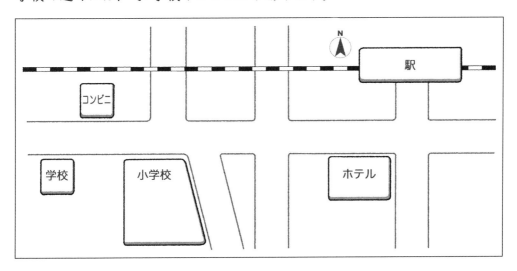

✏️ 書きましょう

あなたの家のまわりの地図をかきましょう。

どこに何があるか知っていますか。

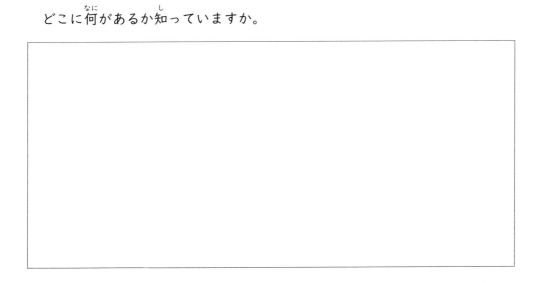

道（みち）	学校（がっこう）	駅（えき）
信号（しんごう）	郵便局（ゆうびんきょく）	ホテル
交差点（こうさてん）	病院（びょういん）	ビル
	銀行（ぎんこう）	公園（こうえん）

6 買い物をする

スーパーマーケット（スーパー）

コンビニエンス・ストア（コンビニ）

日本語を使わなくても買い物できます。

パン	→	パンや
くつ	→	くつや
ほん	→	ほんや
はな	→	はなや
さかな	→	さかなや
おさけ	→	
やさい	→	

自分でとります。

レジ

〇〇円です。

お金を払います。

現金ではなく、クレジットカードや
電子マネーなどで払うこともできます。

7 銀行へ行く

銀行・郵便局に口座をひらきます。

印鑑　　　　　　　お金

身分証

いらっしゃいませ。

口座を
ひらきたいんですが。

用紙に書きます。

お金と用紙を
わたします。

通帳をもらいます。

ＡＴＭでもできます。

お金をあずけます。
お金をおろします。
お金を送ります。

口座（こうざ）
印鑑（いんかん）
　はんこ
通帳（つうちょう）

窓口（まどぐち）
キャッシュカード
暗証番号
　（あんしょうばんごう）

身分証明書
　（みぶんしょうめいしょ）
　身分証（みぶんしょう）
用紙（ようし）

8 食事に行く

レストラン
食堂（しょくどう）
喫茶店（きっさてん）
ラーメン屋（や）
ファーストフード店（てん）

すみません。
○○をください。

これ、
おねがいします。

はい、
○○円（えん）です。

牛肉（ぎゅうにく）	卵（たまご）	メニュー
ビーフ	ご飯（ごはん）	日本料理（にほんりょうり）
豚肉（ぶたにく）	ライス	和食（わしょく）
ポーク	パン	西洋料理
とり肉（とりにく）	米（こめ）	（せいようりょうり）
チキン	麺（めん）	洋食（ようしょく）
羊の肉（ひつじのにく）	水（みず）	中華料理
ラム	牛乳（ぎゅうにゅう）	（ちゅうかりょうり）
マトン	ミルク	中華（ちゅうか）
	コーヒー	定食（ていしょく）
肉（にく）	ジュース	ランチ
魚（さかな）	お茶（おちゃ）	
野菜（やさい）		

?. 知っていますか

食事のとき、気をつけましょう。

1) いいですか、だめですか。

日本では

まる ○	
ばつ ×	

2) あなたの国ではどうですか。

9 乗（の）り物（もの）に乗（の）る

1. バスに乗（の）る

知（し）っていますか

1）あなたの町（まち）のバスの乗（の）り方（かた）は、どれですか。

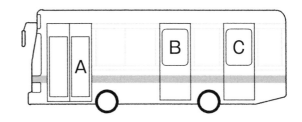

A → A

> 前（まえ）から乗（の）ります。
> 前（まえ）から降（お）ります。

A → C

> 前（まえ）から乗（の）ります。
> 後（うし）ろから降（お）ります。

B → A

> 真（ま）ん中（なか）から乗（の）ります。
> 前（まえ）から降（お）ります。

C → A

> 後（うし）ろから乗（の）ります。
> 前（まえ）から降（お）ります。

2）お金（かね）は、いつ払（はら）いますか。

　乗（の）るとき

　降（お）りるとき

　IC カードを使（つか）って払（はら）うことができます。

バス	時刻表（じこくひょう）	駅（えき）
電車（でんしゃ）	切符（きっぷ）	改札口（かいさつぐち）
地下鉄（ちかてつ）	おつり	ホーム
JR（ジェイアール）	売り場（うりば）	
		バス停（バスてい）
		乗り場（のりば）

バス停

路線図
どの道を
通るか
わかります。

時刻表
バスの
時間が
わかります。

すみません。
このバスは○○へ
行きますか。

つぎは○○です。

おります！

整理券を

とります。

IC カードも使えます。
（整理券がないバスもあります。）

整理券とお金を入れます。

21

2. 電車に乗る

○○まで1枚ください。

まどぐち
窓口

○○行きは何番ホームですか。

○○行きは何時ですか。

○○にとまりますか。

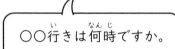

じ どうけんばい き
自動券売機

きっぷ
Ticket

切符を入れます。
切符をとります。

ICカードを使います。

ホームへ行きます。

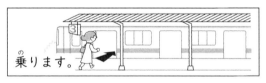

乗ります。

降ります。

切符を入れます。
切符は出ません。

ICカードを使います。

平日		土・休日
20 25 30 40 50	6	20 30 40
20 25 30 40 45 50	7	20 30 40 45
5 10 20 25 30 40 45 50 55	8	5 15 20 30 35 45 50 55
5 10 20 25 30 40 45 50 55	9	5 15 20 30 35 45 50 55
5 10 20 25 30 40 45 50 55	10	5 15 20 30 35 45 50 55
5 10 20 25 30 40 45 50 55	11	5 15 20 30 35 45 50 55
5 10 20 25 30 40 45 50 55	12	5 15 20 30 35 45 50 55
5 10 20 25 30 40 45 50 55	13	5 15 20 30 35 45 50 55
5 10 20 25 30 40 45 50 55	14	5 15 20 30 35 45 50 55
5 10 20 25 30 40 45 50 55	15	5 15 20 30 35 45 50 55
5 10 20 25 30 40 45 50 55	16	5 15 20 30 35 45 50 55
5 10 20 25 30 40 45 50 55	17	5 15 20 30 35 45 50 55
5 10 20 25 30 40 45 50 55	18	5 15 20 30 35 45 50 55
5 10 20 25 30 40 45 50 55	19	5 15 20 30 35 45 50 55
5 10 20 25 30 40 45 50 55	20	5 15 20 30 35 45 50 55
10 25 30 40 45 50	21	10 25 30 40 45
10 25 30 40	22	10 25 30

じ こくひょう
時刻表

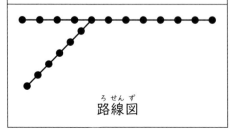

ろ せん ず
路線図

駅

地下鉄出入口

自動券売機

電車ホーム

改札でカードを使う

自動改札口

10 保険に入る

事故や病気のとき、お金がたくさんかかります。

たとえば…

保険に入っている場合

3,000 円です。

受付

保険に入っていない場合

10,000 円です。

受付

保険（ほけん）
保険証（ほけんしょう）
国民健康保険
　（こくみんけんこうほけん）

病気（びょうき）
けが

11 仕事をする

> わたしのアルバイトは
> ビルのそうじです。
> 時給（じきゅう）は 1,000 円（えん）です。

正社員（せいしゃいん）

パート（タイマー）

アルバイト

休（やす）むときは、休（やす）む前（まえ）に電話（でんわ）をしましょう。

> もしもし、リーです。
> かぜをひきました。
> すみません。今日（きょう）は休（やす）ませてください。

外国人（がいこくじん）の学生（がくせい）（留学生（りゅうがくせい））がアルバイトをするときは、出入国在留管理庁（しゅつにゅうこくざいりゅうかんり ちょう）の許可（きょか）（資格外活動許可（しかくがいかつどうきょか））が必要（ひつよう）です。

あなたはアルバイトの許可（きょか）（資格外活動許可（しかくがいかつどうきょか））を持（も）っていますか。

時給（じきゅう）	新聞配達	正社員（せいしゃいん）
日給（にっきゅう）	（しんぶんはいたつ）	アルバイト
月給（げっきゅう）	店員（てんいん）	パート（タイマー）
語学教師（ごがくきょうし）		許可（きょか）
家庭教師（かていきょうし）		履歴書（りれきしょ）
掃除（そうじ）		契約書（けいやくしょ）

持っていますか

在留カード

出典：出入国在留管理庁ホームページ https://www.moj.go.jp/isa/
applications/procedures/whatzairyu_00001.html より

日本に３か月以上住む外国人が
もらいます。

在留カードは、いつも持っていな
ければなりません。また、住所な
どが変わった場合、２週間以内に
届を出さなければなりません。

保険証

保険証 お願いします。

受付

資格外活動許可

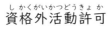

アルバイトの許可、
持っていますか？

日本に住んでいる人は、12桁のマイナンバー（個人番号）を持っていま
す。外国人も日本に来て初めて市役所や区役所で住民票を作るとき、
マイナンバーをもらいます。マイナンバーは、郵便であなたの住所に届
きます。仕事をするときやいろいろな手続きをするときに、マイナンバー
が必要です。大切なものですから自分でしっかり管理してください。マ
イナンバーを他人に教えたり、他人のマイナンバーを聞いたりしてはい
けません。

在留カード
　（ざいりゅうカード）
保険証（ほけんしょう）

資格外活動許可
　（しかくがいかつどうきょか）
マイナンバー

出入国在留管理庁
　（しゅつにゅうこくざい
　りゅうかんりちょう）
入管（にゅうかん）

地ち

理り

阿蘇山
あ そ さん

三陸海岸
さんりくかいがん

1 国土_{こくど}

❓知_しっていますか

> 九州_{きゅうしゅう}と本州_{ほんしゅう}、本州_{ほんしゅう}と北海道_{ほっかいどう}のあいだには海_{うみ}がありますね。
>
> しかし、今_{いま}は J R_{ジェイアール}で九州_{きゅうしゅう}から北海道_{ほっかいどう}まで行_いくことができます。
>
> どうやって列車_{れっしゃ}は海_{うみ}をわたるのか、知_しっていますか。

日本_{にほん}の周_{まわ}り

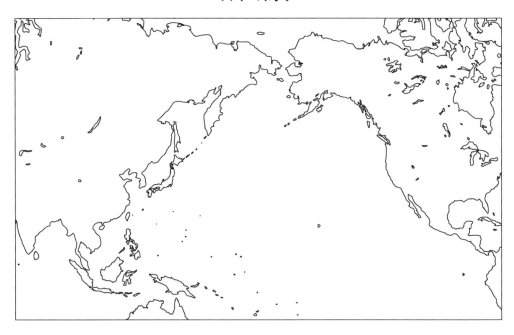

世界（せかい）	北海道（ほっかいどう）	橋（はし）
国（くに）	本州（ほんしゅう）	トンネル
島（しま）	四国（しこく）	長さ（ながさ）
	九州（きゅうしゅう）	
	沖縄（おきなわ）	面積（めんせき）
		km（キロメートル）
		km² （へいほうキロメートル）

日本の周りには 4 つの海があります。オホーツク海、日本海、太平洋、東シナ海と言います。

日本には大きい島が 4 つあります。小さい島は約 14,000 あります。

北の端から南の端まで約 2,800km です。面積は約 38 万 km^2 で、世界の中では 60 番目くらいの大きさです。

4 つの大きい島の名前は、北海道、本州、四国、九州です。4 つの島はトンネルや橋でつながっています。

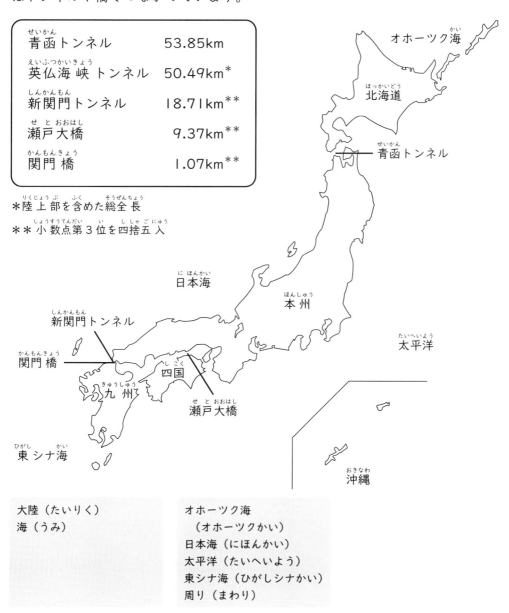

青函トンネル	53.85km
英仏海峡トンネル	50.49km*
新関門トンネル	18.71km**
瀬戸大橋	9.37km**
関門橋	1.07km**

＊陸上部を含めた総全長
＊＊小数点第 3 位を四捨五入

オホーツク海

北海道

青函トンネル

日本海

本州

太平洋

新関門トンネル

関門橋

四国

九州

瀬戸大橋

東シナ海

沖縄

大陸（たいりく）	オホーツク海
海（うみ）	（オホーツクかい）
	日本海（にほんかい）
	太平洋（たいへいよう）
	東シナ海（ひがしシナかい）
	周り（まわり）

2 山と川

日本は山が多い国で、国土の約 70% が山地です。

山が多いので、川は 短 くて、流れが 急 です。

日本でいちばん高い山は、富士山（3,776m）です。

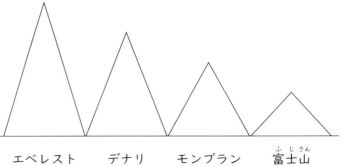

エベレスト	デナリ	モンブラン	富士山
ヒマラヤ山 脈	アラスカ山 脈	アルプス山 脈	
8,848m	6,190m	4,807m	3,776m

?知っていますか

日本の川は、どう流れているでしょう。

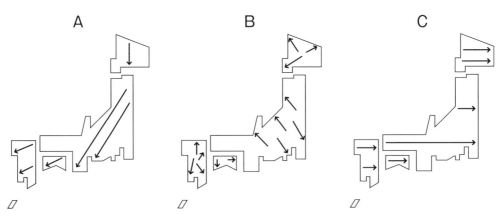

A   B   C

石狩川（いしかりがわ）
十勝川（とかちがわ）
最上川（もがみがわ）
信濃川（しなのがわ）
北上川（きたかみがわ）
九頭竜川（くずりゅうがわ）
阿武隈川（あぶくまがわ）
淀川（よどがわ）
利根川（とねがわ）
筑後川（ちくごがわ）
多摩川（たまがわ）
富士川（ふじかわ）
紀の川（きのかわ）
天竜川（てんりゅうがわ）
四万十川（しまんとがわ）
木曽川（きそがわ）
球磨川（くまがわ）
吉野川（よしのがわ）
熊野川（くまのがわ）
長良川（ながらがわ）

かんが
考えましょう

日本（にほん）には火山（かざん）と温泉（おんせん）がたくさんありますね。
温泉（おんせん）はとてもいいものですが、火山（かざん）があると、
よくないこともあります。考（かんが）えましょう。

山（やま）
川（かわ）
火山（かざん）
温泉（おんせん）

噴火（ふんか）
被害（ひがい）

本州の中央には、高い山がたくさん集まっています。「日本アルプス」と言います。日本には火山がたくさんあります。火山があるので温泉も多いです。しかし、噴火して被害が出ることがあります。

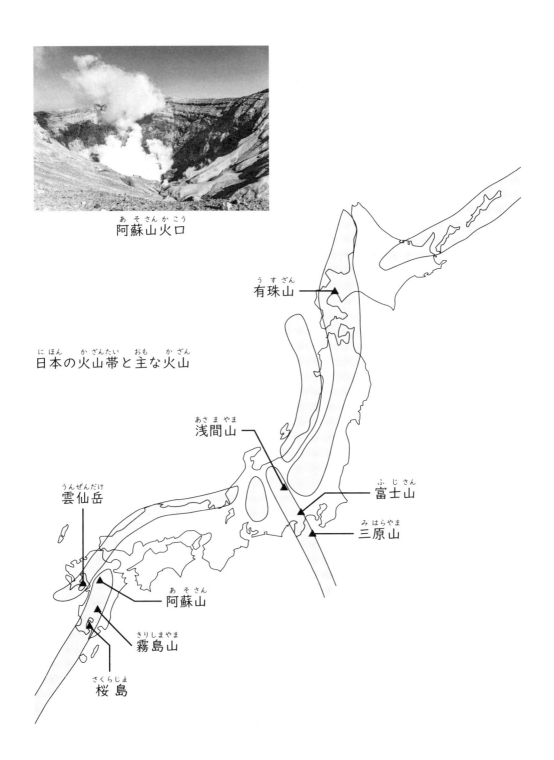

阿蘇山火口

日本の火山帯と主な火山

有珠山

浅間山

雲仙岳

富士山

三原山

阿蘇山

霧島山

桜島

3 気候（きこう）

？知（し）っていますか

①台風（たいふう）はどこから来（き）ますか。

②夏（なつ）の風（かぜ）はどこから来（き）ますか。

③冬（ふゆ）の風（かぜ）はどこから来（き）ますか。

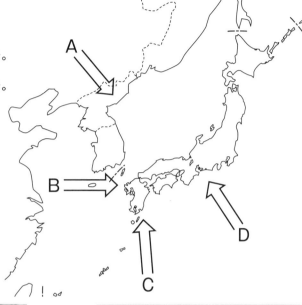

④どこの写真（しゃしん）でしょう。

　雪（ゆき）が大変（たいへん）多（おお）いところです。

⑤どこの家（いえ）でしょう。

　ふつうの家（いえ）と違（ちが）いますね。

⑥雨（あめ）の季節（きせつ）（梅雨（つゆ））は＿＿＿月（がつ）ごろです。

⑦台風（たいふう）が多（おお）いのは＿＿＿～＿＿＿月（がつ）ごろです。

季節（きせつ）	天気（てんき）	風（かぜ）
春（はる）	晴（は）れ（はれ）	梅雨（つゆ）
夏（なつ）	雨（あめ）	台風（たいふう）
秋（あき）	曇（くも）り（くもり）	天気予報（てんきよほう）
冬（ふゆ）	雪（ゆき）	

日本は季節（春・夏・秋・冬）がはっきりしています。冬はユーラシア大陸から冷たい風が、夏は太平洋から暖かい風が吹きます。

　　日本は南北に長い国です。ですから、北と南の気候は、かなり違います。北の地方は寒く、南は暖かいです。

　　日本は山がたくさんあるので、天気（天候）はたいへん変わりやすいです。梅雨や台風のため、降水量が多くて、湿度も高いです。台風はいつも南の方から来ます。

［災害と防災］

　　日本は、位置や地形や気象などの自然条件から、台風、大雨、大雪、地震、津波、火山噴火などの災害が起こりやすいです。そのため、昔から自然災害に備えてきました。どんな自然災害が起こりやすいかは、地域によって違います。各地域では、ハザードマップなどを作って、住民に危険な地区や避難所などの情報を出しています。また、テレビやラジオ、スマホなどで防災情報を早く正確に知ることもできます。あなたの住んでいる地域の防災についての情報を調べてみてください。外国人住民のための多言語情報なども作られています。

考えましょう

もし災害が起こったら、どこへ、どうやって、何を持って逃げますか。

災害に備えて、何を準備しておいたらいいですか。

あなたのうちや学校の近くの避難所は、どこですか。

降水量（こうすいりょう）	東（ひがし）	大雪（おおゆき）
気温（きおん）	西（にし）	地震（じしん）
湿度（しつど）	災害（さいがい）	津波（つなみ）
北（きた）	防災（ぼうさい）	避難所（ひなんじょ）
南（みなみ）	大雨（おおあめ）	

4 日本の一年

知っていますか

何の日でしょう。

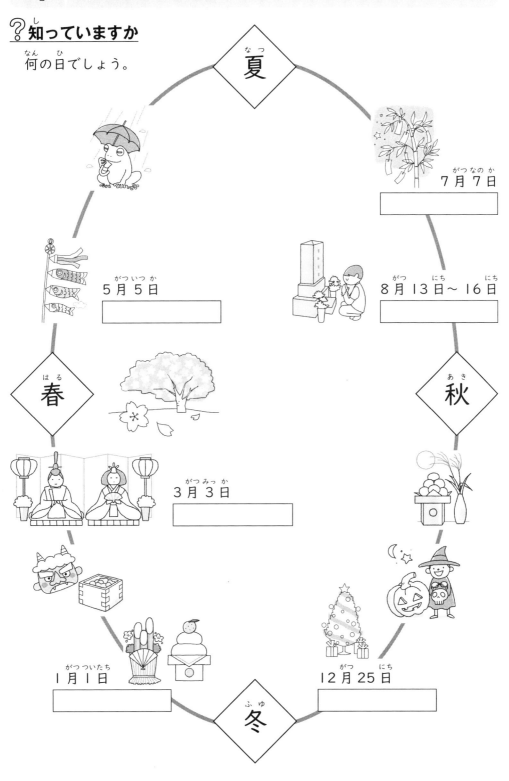

夏

7月7日

8月13日～16日

5月5日

春

秋

3月3日

1月1日

12月25日

冬

5 人口

1. 日本の人口

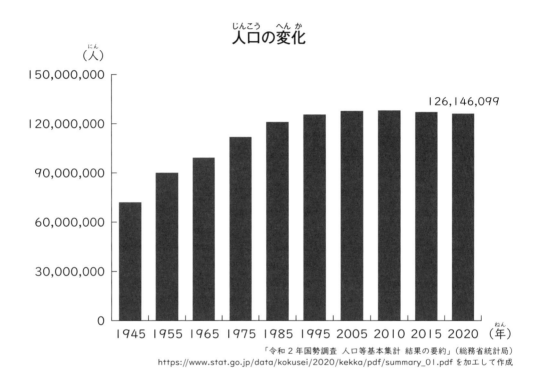

人口の変化

（人）

126,146,099

「令和2年国勢調査 人口等基本集計 結果の要約」（総務省統計局）
https://www.stat.go.jp/data/kokusei/2020/kekka/pdf/summary_01.pdf を加工して作成

　日本の人口は、2015年の調査で初めて減少となり、その後も減少しています。しかし、外国人の人口は近年増加していて、2000年の調査で総人口の1%を超え、2020年には2.2%（約274万7千人）で、増加が続いています。

人口（じんこう）		
	百（ひゃく）	100
	千（せん）	1,000
	万（まん）	10,000
	億（おく）	100,000,000

2. 人口の多い地域

？ 知っていますか

大都市の名前を書きましょう。

名古屋（なごや）　　横浜（よこはま）

大阪（おおさか）　　福岡（ふくおか）

神戸（こうべ）　　　東京（とうきょう）

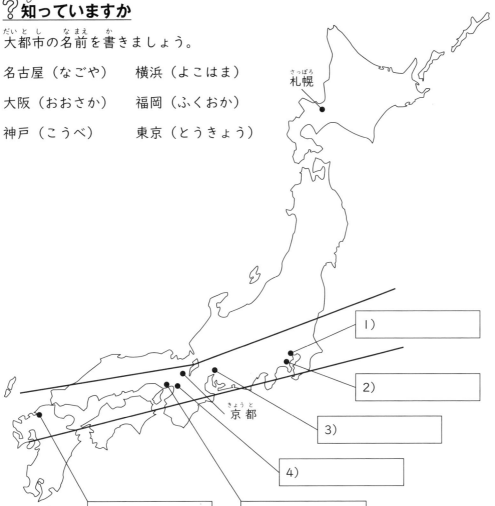

1)

2)

3)

4)

5)

6)

京都

札幌

日本では大都市はどんなところにできるでしょうか。

[　　　] ＋ [　　　] ＋ [　　　] ところ

1) 山が近い　　2) 近くに海がある　　3) 近くに大きな川がある

4) 近くに湾がある　　5) 大きな平野がある

人口が多いのは、本州の太平洋側、瀬戸内海沿岸、九州北部です。こ
れらの地方は気候が温暖で、早くから産業が発達しました。（例えば、東
京、横浜、名古屋、大阪、神戸、福岡）

　　関東地方の南部から九州北部までを、「太平洋ベルト地帯」と言います。

　　ここには、日本の人口の半分以上の人が住んでいます。

3. 過密

　　大都市には人口が集中します。

考えましょう

人口が増えると　→	①土地の値段が＿＿＿＿＿＿＿＿＿＿＿
	②水・ガス・電気が＿＿＿＿＿＿＿＿＿＿
	③ごみ・汚水の処理が＿＿＿＿＿＿＿＿＿
	④交通渋滞が＿＿＿＿＿＿＿＿＿＿＿
	⑤住宅が＿＿＿＿＿＿＿＿＿＿＿
	⑥公害や自然破壊が＿＿＿＿＿＿＿＿＿

大都市（だいとし）　　　　土地（とち）　　　　　　公害（こうがい）
地域（ちいき）　　　　　　住宅（じゅうたく）　　　空気の汚れ（くうきのよごれ）
産業（さんぎょう）　　　　電気（でんき）　　　　　　大気汚染（たいきおせん）
交通（こうつう）　　　　　ガス　　　　　　　　　　自然破壊（しぜんはかい）
発達（はったつ）　　　　　工場（こうじょう）　　　汚水（おすい）
太平洋ベルト地帯　　　　　問題（もんだい）
　（たいへいようベルトちたい）　過密（かみつ）
　　　　　　　　　　　　　不足（ふそく）
　　　　　　　　　　　　　渋滞（じゅうたい）

4. 過疎<ruby>過<rt>か</rt></ruby><ruby>疎<rt>そ</rt></ruby>

1960<ruby>年<rt>ねん</rt></ruby>ごろから<ruby>都会<rt>とかい</rt></ruby>へ<ruby>働<rt>はたら</rt></ruby>きに<ruby>行<rt>い</rt></ruby>く<ruby>若<rt>わか</rt></ruby>い<ruby>人<rt>ひと</rt></ruby>たちが<ruby>多<rt>おお</rt></ruby>くなりました。

そして、<ruby>人口<rt>じんこう</rt></ruby>がとても<ruby>少<rt>すく</rt></ruby>なくなった<ruby>地域<rt>ちいき</rt></ruby>には、<ruby>高齢者<rt>こうれいしゃ</rt></ruby>が<ruby>残<rt>のこ</rt></ruby>りました。

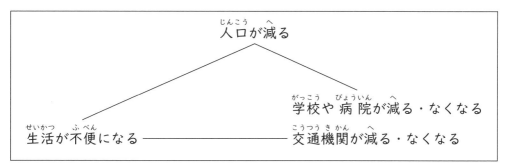

しかし、<ruby>最近<rt>さいきん</rt></ruby>では「<ruby>地域<rt>ちいき</rt></ruby>おこし」などの<ruby>活動<rt>かつどう</rt></ruby>も<ruby>行<rt>おこな</rt></ruby>われ、<ruby>都会<rt>とかい</rt></ruby>から<ruby>地方<rt>ちほう</rt></ruby>に<ruby>戻<rt>もど</rt></ruby>ったり、<ruby>新<rt>あら</rt></ruby>たに<ruby>移住<rt>いじゅう</rt></ruby>したりする<ruby>人<rt>ひと</rt></ruby>もいます。

過疎（かそ）	高齢者（こうれいしゃ）	地域おこし（ちいきおこし）
都会（とかい）	若い人（わかいひと）	
地方（ちほう）	生活（せいかつ）	
村（むら）	交通機関（こうつうきかん）	

5. 労働力人口

2022 年　　6,689 万人

男　3,686 万人　　女　3,003 万人

「労働力調査（基本集計）2023 年（令和 5 年）1 月分」（総務省統計局）
https://www.stat.go.jp/data/roudou/sokuhou/tsuki/pdf/gaiyou.pdf（2023 年 3 月 13 日に利用）

第一次産業…農業、林業、漁業

第二次産業…工業、鉱業、製造業、建設業など

第三次産業…電気・ガス・水道業、商業、運輸業、金融業、
　　　　　　観光業、医療・福祉、マスコミ、情報通信業、
　　　　　　サービス業、公務など

　　1950 年代以前の日本は、農業を中心とする第一次産業で働く人が多かったですが、現在では第三次産業で働く人が70%以上となっています。

働く人の割合

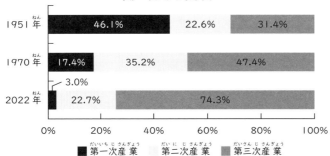

	第一次産業	第二次産業	第三次産業
1951 年	46.1%	22.6%	31.4%
1970 年	17.4%	35.2%	47.4%
2022 年	3.0%	22.7%	74.3%

独立行政法人労働政策研究・研究機構
https://www.jil.go.jp/kokunai/statistics/timeseries/html/g0204.html
統計表　産業別就業者数より

漁業

農業

労働力（ろうどうりょく）	鉱業（こうぎょう）	運輸業（うんゆぎょう）
割合（わりあい）	製造業（せいぞうぎょう）	観光業（かんこうぎょう）
	建設業（けんせつぎょう）	医療（いりょう）
～業（～ぎょう）	電気・ガス・水道業	福祉（ふくし）
農業（のうぎょう）	（でんき・ガス・すいどう	マスコミ
林業（りんぎょう）	ぎょう）	情報通信業
漁業（ぎょぎょう）	商業（しょうぎょう）	（じょうほうつうしんぎょう）
	金融業（きんゆうぎょう）	
工業（こうぎょう）	サービス業（サービスぎょう）	

第三部

だいさん ぶ

社 しゃ

会 かい

1 衣服（いふく）

日本（にほん）

ミャンマー

韓国（かんこく）

インドネシア

・あなたの国（くに）では、季節（きせつ）によって服（ふく）が変（か）わりますか。

・お祭（まつ）りや結婚式（けっこんしき）のときに着（き）る伝統的（でんとうてき）な服（ふく）がありますか。

　どんな服（ふく）ですか。

　何回（なんかい）ぐらい着（き）たことがありますか。

日本人は昔「着物（和服）」を着ていましたが、明治時代（1868〜1912年）のはじめごろから洋服も着るようになりました。第二次世界大戦（1939〜1945年）が終わってからは、ほとんど洋服になりました。今は、普段の生活では洋服を着て、着物は、正月や結婚式、成人式や卒業式など、特別な機会に着るようになっています。

　日本は季節（春・夏・秋・冬）がはっきりしています。ですから、衣服も季節に合わせて変わります。季節が変わるときに新しい季節に合った衣服に着替える習慣を衣替えと言います。中学生や高校生の制服は、6月と10月に衣替えがあります。

　また、就職活動をする学生は、黒や紺のスーツを着て会社訪問をします。このスーツをリクルートスーツと言います。

衣食住（いしょくじゅう）　　着物（きもの）　　　　　衣替え（ころもがえ）
衣服（いふく）　　　　　　　洋服（ようふく）　　　　　リクルートスーツ
夏服（なつふく）　　　　　　制服（せいふく）
　夏物（なつもの）　　　　　服装（ふくそう）
冬服（ふゆふく）　　　　　　ファッション
　冬物（ふゆもの）

2 食物

1. 朝ごはん

ごはん　みそ汁　つけもの　　　　　パン　たまご　コーヒー

2. 昼ごはん

　会社や学校の昼休みはふつう1時間です。お弁当を家から持って来たり、レストランや食堂で食べたりします。うどんやラーメンなどのめん類もよく食べます。パンやおにぎりや弁当を売っている店もあります。

3. 晩ごはん

　一日のうちでいちばん大切な食事です。家族そろってゆっくり食べることが多いです。

4. 日本人の好きな料理

　日本人は魚をたくさん食べます。生の魚もよく食べます。日本料理の中で有名なものは、寿司、刺身、てんぷら、すきやきなどです。ハンバーグ、カレーライス、フライドチキン、ラーメン、スパゲッティー、ピザなども好きです。ラーメン、とんかつ、カレー、てんぷらなどは、もともとは外国の料理を日本人が作りかえてきたものです。

みそ汁（みそしる）	おかず	弁当（べんとう）
吸い物（すいもの）	定食（ていしょく）	
漬物（つけもの）	丼物（どんぶりもの）	

44

？知っていますか

なにから作られているか原料を知っていますか。

また、それはどのくらい日本でとれるでしょうか。

しょうゆ　　みそ　　とうふ　　パン　　日本酒

原料

自給率

%	%	%	%	%

　しょうゆとみそは日本の代表的な調味料で、和食にはとても大切なものです。とうふは昔からありますが、今でもよく食べられています。パンは今では日本人の食生活に欠かせません。

　しかし、これらの原料の大豆や小麦はほとんど外国から輸入されています。日本は昔は自分の国でほとんどの食料を生産していましたが、今では食料輸入国になっています。

　日本酒の原料の米はほとんど日本で生産しています。

5. 食生活の変化

　日本人の主食は米です。昔はあまり肉は食べませんでした。明治時代（1868～1912年）になると、牛肉や豚肉を食べるようになり、外国の料理も食べるようになりました。第二次世界大戦後（1945年）からは、乳製品やパンもふつうに食べるようになりました。

　最近では日本に住んでいる外国人も増えて、世界中の料理が食べられるようになりました。インスタント食品や冷凍食品もいろいろな種類が作られ、便利になりましたが、食生活の変化による病気や食の安全などが問題になっています。

主食（しゅしょく）	乳製品（にゅうせいひん）
	インスタント食品
米（こめ）	（インスタントしょくひん）
麦（むぎ）	冷凍食品
	（れいとうしょくひん）
	ファーストフード
	スナック類（スナックるい）

3 住居

1. 日本の家

日本の木の家は、夏のむし暑い気候に合わせて作られています。床が高くて窓や入り口が大きいので、夏は涼しいですが、冬はとても寒いです。

日本は南北に長いので、地方によって家の構造も違います。特に屋根の形が大きく違います。最近、都市ではビルやマンションが多くなり、エアコンなどで室温を調節しています。

障子

雨戸

座敷・床の間

畳（たたみ）	座敷（ざしき）	屋根（やね）
雨戸（あまど）	床の間（とこのま）	床（ゆか）
縁側（えんがわ）	押し入れ（おしいれ）	柱（はしら）
ふすま		壁（かべ）
障子（しょうじ）	マンション	天井（てんじょう）
	アパート	

47

2. 家の賃貸

日本で家を借りるときはふつう不動産会社に頼みます。

契約のときに次のようなお金が必要です。あなたはどうでしたか。

✏️ 書きましょう

	福岡（佐藤さんの場合）		あなた	
家の種類	アパート			
敷金	2か月分	8万円	か月分	円
礼金	1か月分	4万円	か月分	円
手数料	1か月分	4万円	か月分	円
家賃	1か月分	4万円	か月分	円
その他		1万円		円
合計		21万円		円

・敷　金　　部屋を傷つけたり、汚したりした場合には元通りにしなければな

　　　　　　りません。その費用のために、大家さんに預けるお金です。

　　　　　　契約が終了したときに、残ったお金を返してもらえます。

・礼　金　　大家さんへのお礼です。礼金は必要がない場合もあります。

・手数料　　不動産会社に払います。

＊契約には保証人が必要な場合が多いです。また、保証金がいることもあります。

不動産会社　　　　　　家賃（やちん）　　　　　　保証人（ほしょうにん）
　（ふどうさんがいしゃ）　敷金（しききん）
大家さん（おおやさん）　礼金（れいきん）
契約（けいやく）

48

日本で家を借りる場合は、契約した条件を守ることが大切です。また、ごみを出す日とごみを出す場所をまちがえないことなども大切です。契約条件を守らないことやごみの問題で、トラブルになることもありますので、気をつけましょう。

☼⊰ 考えましょう

　もし、あなたが大家さんだったら、どんな人に家（部屋）を貸したくないですか。

①ごみをきちんと出さない。

②契約をしていない友だちといっしょに住んだり、かってに友だちに部屋を貸したりする。

③夜遅くまでうるさい。（音楽や話し声が大きい・パーティーなどをしてさわぐことが多い。）

④部屋・共用部分を汚す。（入り口・階段・駐車場などに、ごみを捨てたりする。）

⑤家賃を払わない。

⑥その他

　ほかにどんなことがありますか。

手数料（てすうりょう）　　　　修理（しゅうり）

49

プレタスク

話しましょう

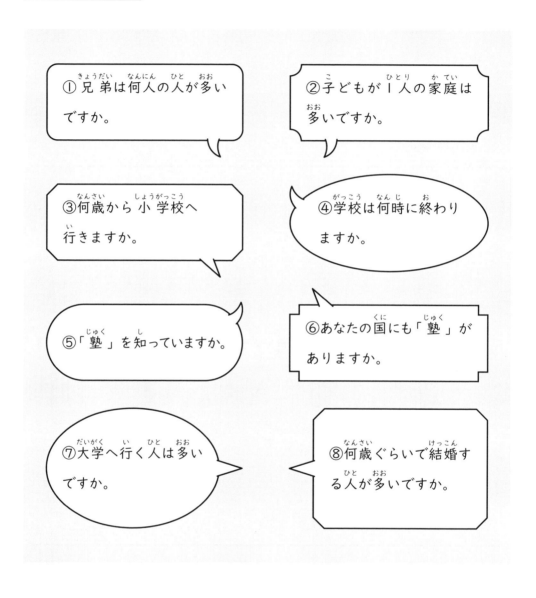

① 兄弟は何人の人が多いですか。

② 子どもが1人の家庭は多いですか。

③ 何歳から小学校へ行きますか。

④ 学校は何時に終わりますか。

⑤ 「塾」を知っていますか。

⑥ あなたの国にも「塾」がありますか。

⑦ 大学へ行く人は多いですか。

⑧ 何歳ぐらいで結婚する人が多いですか。

4 出生率と平均寿命

日本は以前より

- 子どもの数が少なくなった。
- 大学へ行く人が多くなった。
- 高齢化が進んだ。
- 働く女性が増えた。

年齢・男女別人口

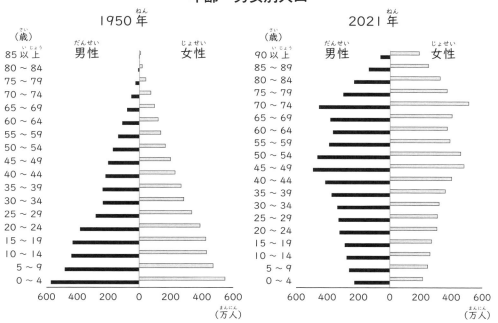

出典：「年齢（5歳階級及び3区分）、男女別人口（各年10月1日現在）ー総人口（大正9年〜平成12年）」https://www.e-stat.go.jp/stat-search/（総務省統計局）および「日本の統計2023 第2章 人口・世帯 年齢5歳階級別人口調査結果」（総務省統計局）https://www.stat.go.jp/data/nihon/02.htm を加工して作成

　今の日本人の家庭の子どもの数は1人か2人が多いです。兄弟姉妹がいない「ひとりっこ」の家庭も多いです。2021年には、1人の女性が生む子どもの数の平均は1.30人になりました。また、女性が子どもを初めて生む年齢も平均30.9歳と高くなっています。

高齢化（こうれいか）	平均（へいきん）
出生率（しゅっしょうりつ）	寿命（じゅみょう）
ひとりっこ	年齢（ねんれい）
ベビーブーム	長生き（ながいき）
	家庭（かてい）

日本人は世界でも長生きをする国民です。2020年現在、男性は世界3位、女性は世界1位です。また、日本の高齢者（65歳以上）の割合は、総人口の29.1%（2023年）で、世界で最も高く、10人に1人が80歳以上となっています。

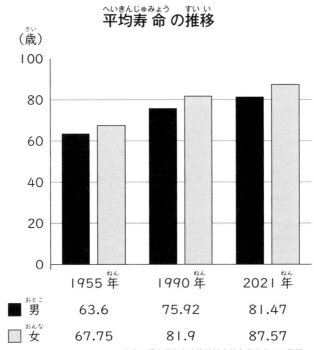

平均寿命の推移

	1955年	1990年	2021年
男	63.6	75.92	81.47
女	67.75	81.9	87.57

出典：厚生労働省政策統括官付参事官付人口動態・
保健社会統計室「令和3年簡易生命表の概況」結果の概要
1 主な年齢の平均余命 表2 平均寿命の年次推移より

平均寿命の国際比較

国名	男性	女性
スイス（2021）	81.6	85.6
ノルウェー（2021）	81.59	84.73
日本（2021）	81.47	87.57
スウェーデン（2021）	81.21	84.82
オーストラリア（2018-2020）	81.19	85.34
シンガポール（2021）	81.1	85.9

出典：厚生労働省政策統括官付参事官付人口動態・
保健社会統計室「令和3年簡易生命表の概況」結果の概要
3 平均寿命の国際比較 表5 平均寿命の国際比較より

5 ライフサイクル

日本の一般的なライフサイクルです。あなたの国ではどうですか。

誕生　　　　　　　0歳

小学校入学　　　6歳　（6年間　義務教育）

中学校入学　　　12歳　（3年間　義務教育）

高校入学　　　　15歳　　（3年間）

大学入学　　　　18歳〜　（4年間）

就職　　　　　　　22〜24歳ぐらい

結婚　　　　　　　男性も女性も30歳ぐらい

定年　　　　　　　60〜65歳ぐらい

死亡　　　　　　　？

　日本人の結婚は昔に比べて遅くなっています。また、夫婦と子どもだけがいっしょに住む「核家族」が多いです。女性は以前、結婚したら仕事を辞める人が多かったです。しかし、今は結婚してからも仕事を続ける「共働き」が多くなりました。最近は、男女を問わず結婚しない人も多くなってきました。

誕生（たんじょう）	就職（しゅうしょく）	退職（たいしょく）
義務教育（ぎむきょういく）	結婚（けっこん）	死亡（しぼう）
入学（にゅうがく）	離婚（りこん）	大家族（だいかぞく）
卒業（そつぎょう）	定年（ていねん）	核家族（かくかぞく）

プレタスク

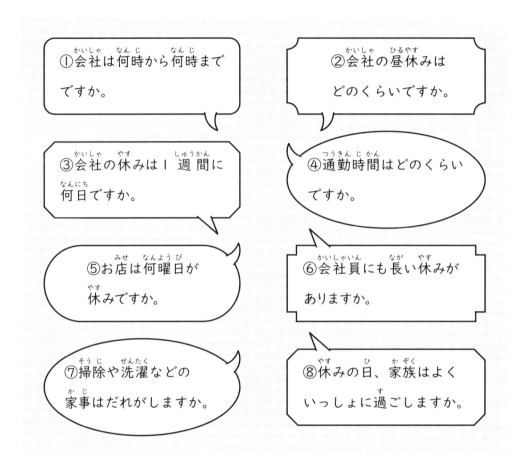

話しましょう

①会社は何時から何時までですか。

②会社の昼休みはどのくらいですか。

③会社の休みは1週間に何日ですか。

④通勤時間はどのくらいですか。

⑤お店は何曜日が休みですか。

⑥会社員にも長い休みがありますか。

⑦掃除や洗濯などの家事はだれがしますか。

⑧休みの日、家族はよくいっしょに過ごしますか。

暇なときどんなことをしますか。

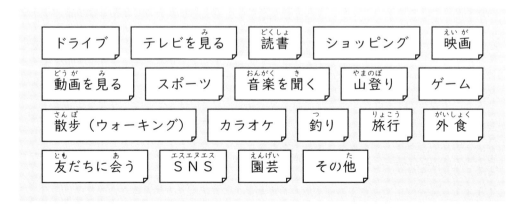

ドライブ	テレビを見る	読書	ショッピング	映画
動画を見る	スポーツ	音楽を聞く	山登り	ゲーム
散歩（ウォーキング）	カラオケ	釣り	旅行	外食
友だちに会う	SNS	園芸	その他	

6 日本人の一日

　日本では、多くの職場が週休二日制です。労働時間は実働1日7〜8時間のところが多いです。都会では通勤時間がとても長いので、朝早く家を出なければなりませんし、帰りも遅くなります。また、中学生や高校生も学校の部活動や塾などで家に帰る時間も遅く、家にいる時間も短いです。家族全員でそろって夕食を食べる日も少なくなっています。2020年に新型コロナウイルスが流行したのをきっかけにして、家で仕事をする「リモートワーク」や、インターネットを使って授業を受ける「オンライン授業」など、新しい働き方や学び方が出てきました。

あたし、月・木はじゅくで、火曜はピアノだから……

月・水はじゅくがあるし……

ぼく、金曜は英会話。

じゃ、土曜は？

土曜はサッカーの練習。

各国の労働時間と休日数

国名	年間労働時間　2021年	年間休日数（年次有給休暇）注
日本	1,607	136.6　(17.6)
イギリス	1,497	132　　(20)
ドイツ	1,349	143　　(30)
フランス	1,490	138　　(25)
イタリア	1,669	138　　(25)

出典：独立行政法人労働政策研究・研修機構　データブック国際労働比較2023 https://www.jil.go.jp/kokunai/statistics/databook/
　　　2023/documents/Databook2023.pdf 6-1 一人当たり平均年間総実労働時間（就業者）および6-2 年間休日数より。
注：日本は2021年度のデータ。そのほかは2020年度のデータ。

休み（やすみ）　　　　　職場（しょくば）　　　　　睡眠（すいみん）
休暇（きゅうか）　　　　通勤（つうきん）　　　　　余暇（よか）
週休二日制　　　　　　　残業（ざんぎょう）　　　　クラブ活動
　（しゅうきゅうふつかせい）　労働時間（ろうどうじかん）　　（クラブかつどう）
　　　　　　　　　　　　　　　　　　　　　　　　　塾（じゅく）
有給（ゆうきゅう）

💡 考えましょう

あなたは新しい家にひっこしました。新しい家にはまだ何もありません。

あなたはまず何を買いますか。次の中から3つ選んでください。

また、その次は何を買いますか。1つだけ選んでください。どうしてそれを買いますか。

まず何を買いますか

次に何を買いますか

A テレビ

B 車

C エアコン

D 掃除機

E 電子レンジ

F 炊飯器

G 冷蔵庫

H パソコン

I 洗濯機

7 ライフスタイルの変化

日本の生活水準は高くなりました。どの家庭にもテレビや冷蔵庫・洗濯機などがあります。車やパソコンなどがある家も増え、ほとんどの人が携帯電話やスマートフォンを持っています。生活は便利になり、家事も昔よりずいぶん楽になりました。「仕事」や「生活を楽しむこと」に対する考えもずいぶん変わってきました。休みを家族と過ごしたり自分の趣味に使ったりするだけでなく、旅行やボランティアなどいろいろな過ごし方をするようになりました。

以前、人々は物を買って所有することを大事だと考えていましたが、最近では「コト消費」を「モノ消費」と同じくらい大切に考える人が増えてきました。

「モノ消費」とは、例えば、自動車や新しいスマートフォンや洋服などを買うことです。

一方、「コト消費」とは、旅行やスポーツ観戦、レストランでの食事などの経験にお金を使うことです。

特に若い人たちは、「モノ消費」より「コト消費」が大切だと考える人が増えています。

生活水準 （せいかつすいじゅん）	所有（しょゆう） 消費（しょうひ） 経験（けいけん）
家事（かじ） 趣味（しゅみ） 旅行（りょこう） ボランティア	

「今しかできない参加型の体験やコンテンツにお金を使う」

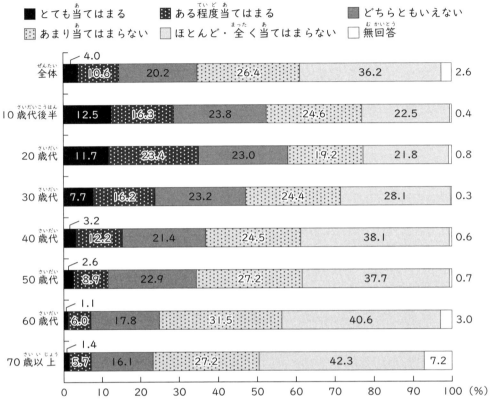

凡例: ■ とても当てはまる　▨ ある程度当てはまる　▦ どちらともいえない
▨ あまり当てはまらない　▧ ほとんど・全く当てはまらない　□ 無回答

年齢別	とても当てはまる	ある程度当てはまる	どちらともいえない	あまり当てはまらない	ほとんど・全く当てはまらない	無回答
全体	4.0 / 10.6		20.2	26.4	36.2	2.6
10歳代後半	12.5	16.3	23.8	24.6	22.5	0.4
20歳代	11.7	23.4	23.0	19.2	21.8	0.8
30歳代	7.7	16.2	23.2	24.4	28.1	0.3
40歳代	3.2 / 12.2		21.4	24.5	38.1	0.6
50歳代	2.6 / 8.7		22.9	27.2	37.7	0.7
60歳代	1.1 / 6.0		17.8	31.5	40.6	3.0
70歳以上	1.4 / 5.7		16.1	27.2	42.3	7.2

「令和4年版消費者白書　第1部 第2章 第2節　（1）若者の消費行動　図表Ⅰ-2-2-11『今しかできない参加型の体験やコンテンツにお金を使う』人の割合（年齢別）」（消費者庁）（https://www.caa.go.jp/policies/policy/consumer_research/white_paper/2022/white_paper_132.html）を加工して作成

あなたやあなたの家族、友だちは、何を大切だと考えていますか。どんなことにお金を使いますか。自分の時間を何に使いたいと思っていますか。

8 教育

日本では小学校6年間と中学校3年間が義務教育で、ほとんどの子どもが学校へ行っています。2022年の高校進学率は100%近く、大学進学率は約60%です。大学を卒業しないと賃金が低いなどの理由で、親は子どもを大学へ進学させたいと思っています。高校や大学は義務教育ではないので、費用が高くなります。特に私立の学校は国立・公立の学校に比べて入学金も授業料も高いです。教育費は高校生や大学生の親の大きな負担になっています。また、学校をやめてしまう子どもや、学校に行きたがらない子どもがいることも問題になっています。

教育制度

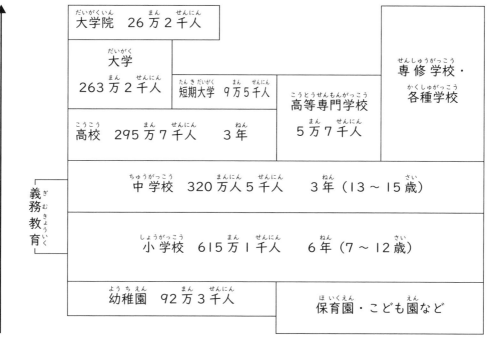

大学院 26万2千人	
大学 263万2千人 短期大学 9万5千人	専修学校・各種学校
高校 295万7千人 3年	高等専門学校 5万7千人
中学校 320万人5千人 3年（13～15歳）	
小学校 615万1千人 6年（7～12歳）	
幼稚園 92万3千人	保育園・こども園など

義務教育

人数は在籍数。出典：令和4年度学校基本調査（文部科学省総合教育政策局調査企画課）より

教育（きょういく）	費用（ひよう）	いじめ
義務教育（ぎむきょういく）	入学金（にゅうがくきん）	体罰（たいばつ）
進学率（しんがくりつ）	授業料（じゅぎょうりょう）	中途退学
国立（こくりつ）	学歴社会（がくれきしゃかい）	（ちゅうとたいがく）
公立（こうりつ）	不登校（ふとうこう）	中退（ちゅうたい）
私立（しりつ）	フリースクール	

9 労働と賃金

　第一次世界大戦（1914〜1918年）ごろから、大きい工場では、熟練労働者に続けて働いてもらうために、「終身雇用制」を始めました。「終身雇用制」というのは、入社から定年まで同じ会社でずっと働くことです。給料も年齢によってだんだん高くなります。日本には、同じ会社で働き続ける人が多く、「会社のために働く」と考える人もたくさんいました。

　しかし現在では「終身雇用制」の企業は少なくなり、いい条件を求めて会社を変わる人も増えてきました。一方、リストラが行われ、会社に就職しても定年まで働けないこともあります。正社員として働く人のほかに、37％の人々が派遣社員やパート・アルバイトとして働いています。1986年に男女雇用機会均等法が施行され、働く女性も増えてきました。2022年には、労働力人口の44％を占めるまでになっています。しかし、男女間の賃金格差は、世界的に見ても、大きいほうです。

次のページはある日本人の給料の例です。給料からは税金や社会保険料が引かれます。

※社会保険料＝健康保険料・厚生年金保険料・雇用保険料

　　　　　　　40歳からは介護保険料を払わなくてはなりません。

定年（ていねん）	保険（ほけん）	サラリーマン
退職（たいしょく）	ローン	正社員（せいしゃいん）
賃金（ちんぎん）		パート（タイマー）
給料（きゅうりょう）	リストラ	フリーター
所得（しょとく）	人員整理（じんいんせいり）	終身雇用制
手当（てあて）	就職（しゅうしょく）	（しゅうしんこようせい）
税金（ぜいきん）	失業（しつぎょう）	介護保険（かいごほけん）

山本太郎さん（35歳）の給料

5月分　給料明細　山本太郎　様	
欠勤　0日　　出勤　20日	
1 基本給	250,000
時間外手当	25,000 12.5 × 2,000
役職手当	
家族手当	10,000
皆勤手当	3,000
住宅手当	8,000
通勤手当（非課税）	15,000
2 支給額	311,000
所得税	5,050
住民税	13,000
3 控除　計	18,050
健康保険料	13,280
厚生年金保険料及び年金掛金	22,880
雇用保険料	1,710
4 社会保険控除　計	37,870
5 差引支給額 2−(3+4)	255,080

収入

税金

社会保険料

61

10 資産形成

考えましょう

日本人は使わないお金を貯金する人が多いです。あなたの国ではどうですか。

①貯金する ⑤家畜を買う

②家を買う ⑥現金で残す

③土地を買う ⑦投資

④金や宝石を買う ⑧その他

学校を卒業して働きはじめると、車や家を買ったり旅行したりするために貯蓄する人がいます。また、ローンを使うこともあります。結婚して子どもが生まれると、子どもの教育費などのために貯蓄します。核家族の家庭が多くなり、平均寿命がのびて、60歳以上の夫婦だけで暮らす期間が長くなっています。老後の生活や健康などに不安があるので、若いうちから保険をかけたり、貯蓄を始めたりします。

また、老後の生活のために社会保障があります。社会保障の一つである「国民年金」は20歳から60歳まで払って、65歳から年金をもらいます。しかし、それだけでは生活できません。それで、60歳くらいで退職した後もいろいろな形で、仕事を続ける人が多いです。

貯蓄（ちょちく）	投資（とうし）	ローン
貯金（ちょきん）	老後（ろうご）	分割払い（ぶんかつばらい）
保障（ほしょう）		
社会保障		
（しゃかいほしょう）		
年金（ねんきん）		
生命保険（せいめいほけん）		

知っていますか

　佐藤さんは福岡市に住んでいる 20 歳の大学生で、私立大学に通っています。日本では 1 人で暮らすのに 1 か月でどのくらいお金が必要でしょうか。佐藤さんの例を見てみましょう。

　また、あなたは日本で 1 か月暮らすのにどのくらいかかっていますか。

　もし、あなたの国で一人暮らしをしたら、どのくらいかかりますか。

支出	あなたの国	佐藤さん
家賃　1DK・風呂・トイレつき		40,000 円
電気代		3,000 円
ガス代		3,000 円
水道代		2,200 円
食費		40,000 円

収入	あなたの国	佐藤さん
親からの仕送り		100,000 円
アルバイト		50,000 円
奨学金		30,000 円

授業料 4 年制大学 1 年分		（平均）*私立 930,943 円 国立 535,800 円

*出典「私立大学等の令和 3 年度入学者に係る学生納付金等調査結果」（文部科学省）（https://www.mext.go.jp/a_menu/koutou/shinkou/07021403/1412031_00004.htm）（2023 年 9 月 8 日に利用）

日本では土地の値段が高いので、家を買うのは大変です。家を買っても、お金を一度に払うのは無理です。20年、30年のローンで毎月給料の中から払っていきます。特に東京は家やマンションの値段が高いので、家やマンションを買うのは大変です。そのため、都心から離れたところに住み、通勤に往復2時間以上かかる人も多いです。

考えましょう

3,500万円の住宅を30年のローンで買ったら、全部でいくらぐらい払わなければならないでしょう。

a. 3,500万円	b. 4,000万円	c. 4,500万円
d. 5,000万円	e. 5,500万円	f. 6,000万円

住宅（じゅうたく）	年収（ねんしゅう）	通勤（つうきん）
土地（とち）	ローン	片道（かたみち）
一戸建て（いっこだて）		往復（おうふく）
		都心（としん）

住宅支払い例（概算）

3,500万円の住宅購入	・頭金500万円
	・残金3,000万円（30年ローン）

↓

支払い総額　約5,059万円

（頭金500万円＋残金3,000万円＋貸付利息（3%）1,559万円）

毎月返済額：84,300円×12回×30年

ボーナス時：254,000円×2回×30年

住宅地の平均価格 1m² あたり （国土交通省令和5年地価公示より）

東京都23区	665,300円
横浜市（神奈川県）	238,700円
大阪市	254,300円
京都市	221,600円
名古屋市（愛知県）	201,300円
広島市	140,300円
福岡市	196,300円
徳島市	73,200円
那覇市（沖縄県）	185,900円
札幌市（北海道）	102,200円

価格（かかく）	頭金（あたまきん）	ボーナス
購入（こうにゅう）	残金（ざんきん）	
返済（へんさい）	利息（りそく）	
支払い（しはらい）	合計（ごうけい）	
借金（しゃっきん）		

キーワード索引

キーワード索引

あ〜し

キーワード索引

の〜ろ

タスク「知っていますか」の答え

p.11　×：B・C

p.12　A

p.19　○：D・E　×：A・B・C・F・G・H

p.20　（省略）

p.28　トンネルや橋を通って渡る

p.30　B

p.33　①C　②D　③A

　　　④岐阜県白川村　⑤沖縄県石垣島　⑥6　⑦7～9

p.35　1月1日　元日　3月3日　ひな祭り　5月5日　こどもの日

　　　7月7日　七夕　8月13日～16日　お盆　12月25日

　　　クリスマス

p.37　1）東京　2）横浜　3）名古屋　4）大阪　5）神戸　6）福岡

　　　3＋4＋5

p.45　原料（主なもの）しょうゆ：大豆、小麦など　みそ：大豆、米など

　　　　　　　　　　　　とうふ：大豆　パン：小麦　日本酒：米

　　　自給率　大豆：7％　小麦17％　米98％

（食料需給表令和3年度　農林水産省大臣官房政策課食糧安全保障室　より）

著者
「日本事情」プロジェクト
栗田加代子（くりた　かよこ）　川邊理恵（かわべ　りえ）　佐野重夫（さの　しげお）

執筆協力者
門司剛（もんじ　つよし）　今給黎靖子（いまきゅうれい　のぶこ）

写真提供　PIXTA 第一部扉, p.6, p.8, 第二部扉下, p.33 右, p.40, 第三部扉, p.44
　株式会社ファミリーマート p.16　岐阜県白川村役場 p.33 左　瀧尻恵 p.42 上
　THIN THIRI p.42 下左　I Putu Andrey Febri Astika, Ni Nyoman Atmi Rahayu p.42 下右
　キッコーマン株式会社 p.45　マルコメ株式会社 p.45　タカノフーズ株式会社 p.45
　山崎製パン株式会社 p.45　旭酒造株式会社 p.45

写真撮影協力　小田急電鉄株式会社 p.23 上段左、中段、下段
　　　　　　　東京地下鉄株式会社 p.23 上段右

イラスト、装丁・本文デザイン
株式会社オセロ

四訂版 話そう考えよう 初級 日本事情

1997 年 4 月 1 日	初版第 1 刷発行
2000 年 11 月 10 日	改訂版第 1 刷発行
2009 年 3 月 18 日	新訂版第 1 刷発行
2023 年 11 月 14 日	四訂版第 1 刷発行
2024 年 8 月 27 日	四訂版第 2 刷発行

著　者　「日本事情」プロジェクト
　　　　栗田加代子　川邊理恵　佐野重夫
発行者　藤嵜政子
発　行　株式会社スリーエーネットワーク
　　　　〒102-0083　東京都千代田区麹町 3 丁目 4 番
　　　　　　　　　　トラスティ麹町ビル 2F
　　　　電話　営業　03（5275）2722
　　　　　　　編集　03（5275）2725
　　　　https://www.3anet.co.jp/
印　刷　萩原印刷株式会社